So geht's:

Das Beispiel zeigt, wie du mit miniLÜK spielst. Die Übung findest du auf Seite 2 und 3.
Öffne das miniLÜK®-Kontrollgerät und lege den durchsichtigen Boden des Kontrollgerätes auf die untere Übungsseite deines miniLÜK-Heftes.

Nimm Plättchen 1. und sieh dir Aufgabe 1. an.
Hier siehst du eine Schnecke. Suche nun das Reimwort zu Schnecke auf der unteren Seite. Es lautet Decke. Lege dann das Plättchen 1. mit der Ziffer nach oben auf das Bild mit der Decke auf der unteren Seite.

So spielst du weiter, bis alle 12 Plättchen auf dem durchsichtigen Teil des Kontrollgerätes liegen und keine Bilder mehr zu sehen sind.
Dann schließt du das Kontrollgerät und drehst es um. Wenn du das bei der Übung abgebildete Muster siehst, hast du alles richtig gemacht.

Passen einige Plättchen nicht in das Muster, löst du diese Übungen noch einmal.

Stimmt es jetzt?
Dann nun viel Spaß!

1
2
3
4
5
6
7
8
9
10
11
12

Finde den Reim.

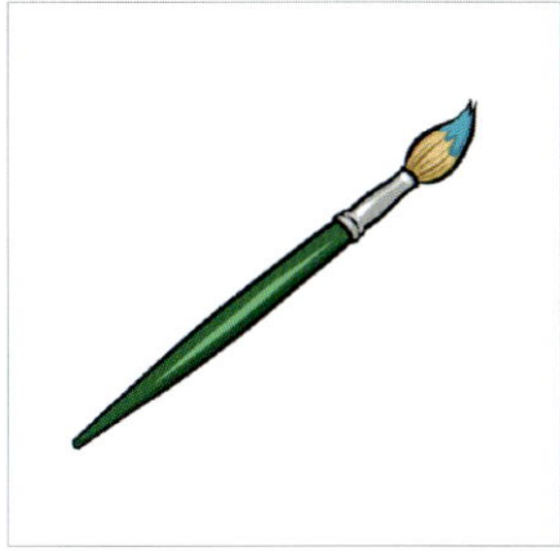

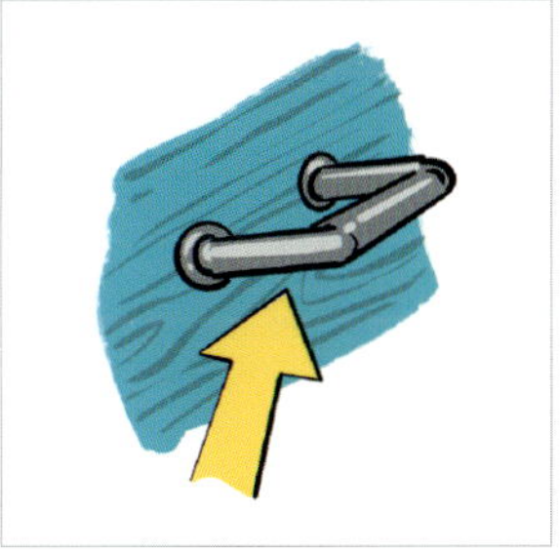

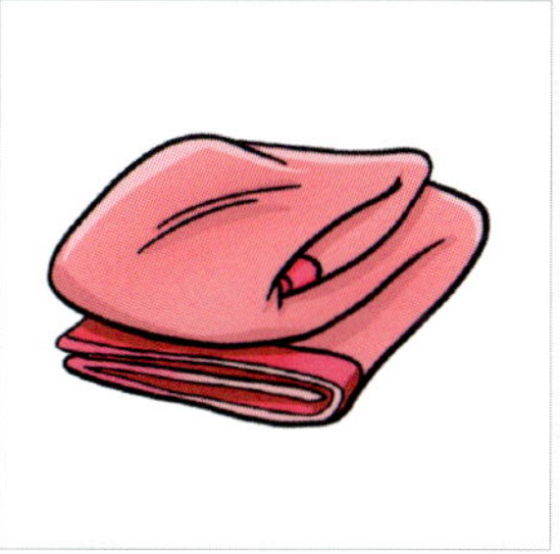

1
2
3
4
5
Seife
6
7
8
9
10
11
Seife
12

Welches Wort passt nicht dazu? Achte auf den ersten Laut.

X

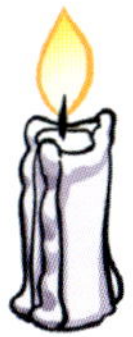

1
2
3
4
5
6
7
8
9
Seife
10
11
12

Was beginnt mit dem gleichen Laut? X ☐ ☐

1
2
3
4
5
6
7
8
9
10
11
12

Wie beginnt das Wort? X

K

O

A

U

F

I

P

M

S

E

L

D

 → D

1
2
3
4
5
6
7
8
9
10
11
12

Mit welchem Buchstaben beginnt das Wort? X

A	F	E	U	L	I
N	D	M	K	S	P

 → E

D
M
1
I
2
E
3
O
K
4
R
5
F
S
6
P
7
N
8
L
9
D
10
U
11
K
I
12
S

Mit welchem Buchstaben beginnt das Wort? X

2
7
6
4
12
9
8
11
1
3
5
10

Mit welchem Buchstaben beginnt das Wort?

U	O	M	R	K	S
L	D	F	A	E	P

 → A

a
d
P p
A 1
D 2
E 3
F 4
I 5
L 6
M 7
N 8
O 9
R 10
S 11
U 12
T t

Groß und klein

o	e	d	l	a	f
s	i	n	u	r	m

→ a

1
Fede
2
Ra
3
Bu
4
male
5
Limo
Lim
6
Siru
7
Senf
Sen
8
Sof
9
Nas
10
Linea
Opa
11
Kan
12
Anora

Wie endet das Wort? ☐ ☐ ☒

f	r	e	s	p	a
n	l	u	o	k	d

 → r

1
Fe er
2
R d
3
B s
4
ma en
5
Limo
Limo
Li o
6
S rup
7
Senf
S nf
8
So a
9
Na e
Lineal
10
O a
11
Ka u
12
Ano ak
n
i
s
f
e

Welcher Buchstabe fehlt?

i	f	n	m	e	d
r	a	s	u	l	p

d

1 Zitr . ne
2 Erdbee . e
3 K . wi
4 Man . el
5 A . rikose
6 Marme . ade
7 M . lone
8 Ko . os
9 Ba . ane
10 N . ss
11 An . nas
12 Ro . ine

Welche Buchstaben fehlen? ☐ ☒ ☐

r	l	d	o	n	i
k	s	e	u	a	p

→ o

1
L
2
Limo
Limo
L o
3
mel
4
Nu
5
Senf
S f
6
Ko er
7
R e
8
Do
9
Ra
10
der
11
Pu e
12
Li al

Finde die fehlenden Buchstaben.

Senf | Puppe | Limo | Koffer | Rose | Feder

Kamel | Radio | Dose | Lineal | Nudel | Lok

Lok

1 Bus
2 elf
3 Kino
4 Kamel
5 Igel
6 Musik
7 Lok
8 Nase
9 Foto
10 malen
11 Ofen
12 Anorak